1

I0447136

الإنجلوفونية القادمة

الجذور والملامح

ممدوح الشيخ

الكتاب: الإنجلوفونية القادمة: الجذور والملامح.

المؤلف: ممدوح الشيخ.

"الصراع" مفردة تكاد تكون مرادفة لمفردة "التاريخ" بل نجد مفهوم الصراع في القرآن الكريم على لسان الملائكة مرتبطاً بخلق الإنسان: **"إذ قال ربك للملائكة إني جاعل في الأرض خليفة قالوا أتجعل فيها من يفسد فيها ويسفك الدماء ونحن نسبح بحمدك ونقدس لك قال إني أعلم ما لا تعلمون".**(سورة البقرة: 30)، ومنذ خلق الله الإنسان وهو يخوض صراعات متواصلة.

ومع تطور معارف الإنسان في العصر الحديث وظهور العديد من المؤلفات الجامعة التي استهدف مؤلفوها وضع تاريخ عام للبشرية كشفت هذه المؤلفات عن حقيقة تبدو مثيرة هي أن التاريخ البشري يحكمه سياق عام بحيث يكون قريباً من الصواب أن يوصف عصر بأنه "**عصر إيمان**" وآخر بأنه "**عصر إلحاد**" وهكذا.

<u>تحولات الصراع</u>

ومن هذا المنظور يعتبر المؤرخون أن القرن التاسع عشر كان قرن بالعلم بينما كان القرن العشرون عصر بداية إعادة الاعتبار للدين، لكنه كان من الناحية السياسية قرن صراع الأيدلوجيات بامتياز، وشكَّل الصراع بين الرأسمالية والفاشية السمة الرئيسة للنصف الأول منه، فكانت الحربان العالميتان الأولى والثانية جولتين

حاسمتين اختفت بعدهما الأنظمة الفاشية في الغرب واليابان. وبينما كانت الأنظمة الفاشية في ألمانيا وإيطاليا واليابان وغيرها أنظمة قومية حلولية شديدة العداء للدور الذي تقوم به المؤسسات الدينية في المجتمع فإنها، وبصفة خاصة النظام النازي، استخدمتها كورقة لاكتساب المشروعية فأنشأت كنيسة "نازية" إذا جاز التعبير.

ورغم أن صراع الهوية كان جزءاً من بنية الصراع بين الرأسمالية والفاشية فإنه لم يكن السمة المميزة للصراع، ولعبت الانتماءات القومية والمذهبية والدينية أدواراً شديدة الأهمية في هذا الصراع وكان ونستون تشيرشل أول المتحدثين خلال الحرب العالمية الثانية عن العلاقات المتميزة التي تربط بريطانيا بالولايات المتحدة . ومنذ تأثيره على الرئيس فرانكلين

روزفيلت باتخاذ قرار دخول الولايات المتحدة الحرب ظلت الولايات المتحدة تعتبر الضامن لأمن بريطانيا، فيما تعد بريطانيا من أخلص الحلفاء للأميركيين.

وخلال النصف الثاني من القرن العشرين كان الصراع بين الرأسمالية والشيوعية السمة المميزة فانقسم العالم إلى معسكرين كل منهما يحاول التبشير بأيدلوجيته. وفي هذا المناخ الحافل بصخب الصراع الأيديولوجي ولد الكيان الصهيوني متحالفاً مع الأيدلوجية الرأسمالية بصفة أساسية. ومع مطلع القرن الحادي والعشرين يكاد الصراع الأيديولوجي يختفي ليحل محله صراع الهويات.

وبطبيعة الحال لم تكن المصالح غائبة عن هذا الصراع، لكنها لم تكن أبداً محركه الرئيس، فكان هناك شرخ كبير بعد

الحرب بسبب الرؤية المبررة للبريطانيين حول هدف الولايات المتحدة المحدد بأخذ مكان بريطانيا والعمل على تفكيك امبراطوريتها، ولعل الأزمة الدولية التي هزت العالم نتيجة الموقف حول قناة السويس إبان فترة الخمسينات أبانت مدى التكافؤ في هذه العلاقات، إذ كان الرئيس آيزنهاور اتخذ قراراً بسحب الدعم الأميركي عن الجنيه الإسترليني حيث اضطر انتوني إيدن رئيس الوزراء البريطاني في حينه إلى تقديم استقالته نتيجة ذلك.

وطبقاً للمؤرخ ديفيد هينيسي فإن بريطانيا استوعبت الدرس فيما بعد، بحيث بات أي من رؤساء الوزراء البريطانيين لا يمتلك الجرأة على اتخاذ قرار ذي أبعاد خطيرة على المسرح الدولي من دون

موافقة الأميركيين، كما هو الحال خلال حرب الفوكلاند.

ويرى هينيسي من الجانب الآخر أن هارولد ويلسون رئيس الوزراء البريطاني آنذاك لم يكن مستعداً للرضوخ إلى متطلبات الضغوط الأميركية وإرسال القطع البريطانية للمشاركة في الحرب الفيتنامية، كما أن إدوارد هيث أكد استقلالية بلاده عن القرار الأميركي واتخذ موقفاً في الاتجاه الأوربي، لكن مارغريت تاتشر أعادت المسار إلى اتجاهه السابق عندما وصفت المحور الأميركي البريطاني بأنه "**التحالف الأكثر أهمية في الدفاع عن الحرية والعدالة**".

وتظهر استطلاعات الرأي أن البريطانيين يعتبرون أن من الطبيعي أن

تكون الولايات المتحدة حليفة لهم على المدى الطويل.

وقد اعتبر مستشار للرئيس الأميركي السابق بيل كلينتون أن بلير قدم لبوش سبباً لخوض الحرب ضد العراق ودفعه إلى الإفصاح عن خطته في الشرق الأوسط وجنبه بذلك من الظهور بمظهر القائد المعزول والمتهور. ويقوم بلير بدور "جسر" بين أوروبا وأميركا إلا أنه يواجه مصاعب متزايدة في الإبقاء على الفرق الشاسع بين القارتين، ومن الجانب الأميركي هناك شعور قوي بأن بريطانيا حليف مفيد، وخصوصاً بصفتها عضواً في الاتحاد الأوروبي ويمكنها أن تطور مقاربة مختلفة عن تلك التي تقدمها فرنسا أو ألمانيا.

من الأيدلوجيا إلى الهوية

وبين الأيديولوجيا والهوية فروق أساسية نجملها في مصدر كل منهما وطبيعته فالأيدلوجيا رؤية للكون، وما وراءه والذات والآخر والعلاقات بينها يبدعها منظر فرد أو نخبة وهي غالباً أحادية مركزها عامل واحد يفترض أنه المحرك الأوحد للتاريخ المفسر الأوحد للظواهر كافة (العِرق – صراع الطبقات .. ..) والانحياز

إليها اختياري تماماً حتى مع ادعاء منظريها أنها فطرية أو حتمية، وعادة تنتشر الأيدلوجيا من خلال عمل تبشيري منظم أو تفرضها سلطة قاهرة. وتقوم الأيدلوجيا في رؤيتها للكون والإنسان على سمة تكاد تكون لصيقة بها هي التصنيف والاستبعاد، فهي تحدد جهة التصنيف أولاً (عِـرق – طبقة – دين) ثم تجعل أحدها معياراً أساسياً للتصنيف ويتراوح مصير جهات التصنيف الأخرى بين التهميش والاستبعاد التام.

وتأخذ الأيدلوجيا عادة بناء الدين، ولنأخذ الماركسية نموذجاً فهي:

- **تحدد مركزاً للكون (الطبقة)**

- **ولها تفسير لظاهرة الوجود الإنساني يتصف بالشمول (صراع الطبقات)**

- ولها كتاب مقدس (المانفيستو).

- ولها نبي أو أكثر (ماركس وآخرون).

- ولها محرمات (الملكية الخاصة).

- ولها جنة ونار (الرأسمالية مقابل دولة الاشتراكية العلمية).

وقد اقتضت فكرة التنمية من خلال النظام الاشتراكي تغليب منطق التغيير من أعلى، وتهميش دور المبادرات الفردية، وغلبة مفهوم التغيير الجذري الفجائي، وأسلوب الحشد والجماعية بصيغها المختلفة، والتحكم في مسار التطورات الاقتصادية، وكل ما يمكن أن يؤثر فيها من عوامل.

فأفرزت الاشتراكية أدبها وثقافتها، ووصل طموح البعض إلى أن يحلم ببناء ما

أطلق عليه "**الإنسان الاشتراكي الثوري**"، كثمرة لعملية تحكم شاملة في عوامل التغيير في المجتمع. فبدلاً من أن يبدع المجتمع ثقافته وسياسته ونموذجه الاقتصادي حلت الأيديولوجيا محل الإنسان ثم تغولت فحلمت ببناء "**إنسانها**".

أما الهوية فهي نتاج تفاعل طويل بين عوامل عديدة لا تحكم العلاقة بينها الصراع (الإنسان – المكان – الأشياء – الثقافة) وهي تقوم على التغيير الطويل النابع من الداخل بحيث تتطور الهويات عبر أزمنة قد تمتد لقرون، ولأنها ليست مؤسسة على مطلقات "**توقيفية**" لادينية في متحولة مع الاحتفاظ بقدر من الثبات النسبي.

وتقبل الهوية تعدد الولاءات والانتماءات دون جهد كبير وتشترك عوامل الجغرافيا والتاريخ ودرجة المعرفة العلمية

والتقنية المتوفرة لكل مجتمع في صياغتها. وهي في النهاية ليست اختياراً فلا أحد يختار الوطن الذي يولد فيه ولا العصر الذي يربى على ثقافته، وهي رغم ذلك باب مفتوح للمؤثرات المختلفة تتفاعل معها أخذاً وعطاء.

16

عصر الإحياءات المتزامنة

وقد راهن محللون كثيرون على أن زوال الصراع الأيديولوجي بهزيمة أحد طرفيه سيؤدي بالضرورة لأن تكتسح الرأسمالية **"الأيديولوجيا المنتصرة"** العالم لتصبح خياراً عالمياً يظهر بانتصاره **"المواطن العالمي"** وفق الشروط الرأسمالية.

ولأن التاريخ لا يسير وفق قانون خطي بسيط فإن السيناريو الذي فرض نفسه كان تعدديا فشهد العالم صحوة ثلاثية:

- **صحوة قوميات عابرة للحدود السياسية.**

- **صحوة دينية عابرة للقارات.**

- **صحوة هويات عالمية.**

وعموماً فقد تغير ميدان الصراع تماماً وفقدت الأيديولوجيا بريقها أو كادت، وضمن ذلك الأيديولوجيا المنتصرة نفسها، ونزعت مجموعات سكانية كثيرة في العالم المتقدم والمتخلف على السواء نزوعاً متفاوتاً، بلغ أحياناً حد التطرف نحو تأكيد هويتها التي كان الدين والقومية معا أحد أهم مكوناتها، أن التفاعل بين الأفكار المركبة – وأحيانا الصراع – تقدم ليحل محل

صراعات المصالح والأيدلوجيات معاً. وقد كان مفهوماً أن يؤدي زوال الاتحاد السوفيتي لظهور قوس قزح من الهويات التي حجبتها الإمبراطورية الغاربة، وكان طبيعياً أيضاً أن يصبح مواطنو هذه الجمهوريات أمام أسئلة لا تحسمها الأمم عادة في لحظة كاختيار اللغة، فاختار بعضها الحرف التركي واختار بعض آخر الحرف اللاتيني ... .. وهكذا.

وبرز حضور الهوية بشكل شديد الوضوح في الموقف الروسي من الصراع في البلقان، حيث بدا إلى حد كبير الدور الفاعل للمذهب والعرق في صياغة الموقف الروسي الرسمي من هذا الصراع .

وفي إطار عملية تحلل للكيانات السياسية التي قامت على اجتماع مجموعات سكانية مختلفة تشكل الدولة بالنسبة لها

إطاراً لهوية سياسية تحجب هويتها الثقافية بمعناها الشامل ظهر صراع الهويات واحتل واجهة المشهد السياسي، واكتشفنا فجأة أن تشيكوسلوفاكيا دولتان، وأن يوغوسلافيا عدة دول، وأن ما يجمع دول البلطيق (أستونيا ولاتفيا وليتوانيا) أضعف بكثير مما يفرقها. ومن الشمال للجنوب امتدت الظاهرة، فانفصلت إرتريا عن إثيوبيا، ثم انفصلت تيمور عن إندونيسيا، ويوشك أن يلحق بهما جنوب السودان.

صناعة الاختلاف

وعادة تلجأ النخب السياسية عند إدارتها صراعات الهوية لتأكيد الاختلاف والإلحاح عليه إن لم يكن موجوداً، لبلورة هوية وطنية أو قومية مختلفة تكون مرتكزاً للانفصال عن المحيط الذي توجد فيه. وقد لفت نظر المحللين عند انفصال تيمور أنها على المستوى الاقتصادي لا تملك مؤهلات الدولة ورغم ذلك فإن ما شغل النخبة

السياسية التي تحمل لقب "**أفقر دولة في العالم**" لم تتجه لامتلاك مؤهلات الاستقلال الاقتصادي بل أولت اهتمامها الأكبر لبناء الهوية.

وكما لعب الدين دوراً في بناء حواجز بين سكان تيمور وبين إندونيسيا بدأت ما تسمى مع التجاوز الشديد "**نخبة التحرر الوطني التيمورية**" تغذي مفهوم الاختلاف بقوة.

ففي مايو 2002 اختارت تيمور الشرقية ــ ضمن مساعيها لخلق هوية خاصة بها تميزها عن إندونيسيا ــ اللغة البرتغالية لكي تكون لغة التعلم في المدارس والجامعات، ولكي تعطي للأمر مسحة من القداسة سمتها "**لغة الثورة**". وقد اتخذ هذا القرار رغم أن اعتبارات عملية محض كانت كافية لمنعه.

فمثلاً، يشكو مواطنو تيمور من أنه سيكون من الصعب عليهم تعلم البرتغالية لأنهم يتحدثون الإندونيسية، وعبر طالب بكلية العلوم عن نتائج هذا القرار بعبارة موحية يقول:

"بدلاً من أن تكريس وقتي لدراسة الفيزياء والكيمياء أتعلم العد وتسمية أجزاء جسم الإنسان باللغة البرتغالية!".

لكنها أصبحت إجبارية الآن لتتقدم ضرورات بلورة هوية مختلفة على المصالح المباشرة فاستخدام لغة لا يجيدها سوى 5 % فقط من السكان سيكون مكلفاً كما سيكون مضيعة كبيرة للوقت. ودستور الدولة يعتبر البرتغالية ولهجة تيتوم المحلية الرئيسة اللغتين القوميتين برغم أن لهجة تيتوم تعتبر بدائية.

وتلخص إحدى الراهبات المأزق
قائلة:

"أنا كنت سأختار التيتوم كلغة رسمية، لأنها اللغة التي يجيدها معظم الناس لكني أعلم أن الناس يقولون إنها بدائية ولن يمكن تحديثها بسهولة".

والتيتوم واحدة من نحو 30 لغة أو لهجة يتحدث بها سكان تيمور الشرقية، ومن المعتقد أن 82 % يتحدثون بها بينما يجيد 43 % اللغة الإندونيسية.

وتعكس مثل هذه القرارات اندفاعاً عاطفياً غالباً تكون له آثار مدمرة، فالمفاضلة بين البدائل المتاحة لم تأخذ شكلاً موضوعياً، بل استندت لمبررات عاطفية متشنجة، فللبرتغالية عند **"قادة الثورة التيمورية"** الوليدة (وهو تعبير فيه تجاوز شديد) مغزى آخر، فقد كان المتمردون

التيموريون يتحدثون البرتغالية لتجنب الجواسيس!

أما قائدهم – الذي أصبح أول رئيساً لأفقر دولة في العالم بعد نجاح تمرده زانانا غوسماو – وهو شاعر أيضاً – فهو مولع بالبرتغالية!

وبعيداً عن الاعتبارات العملية التي لم يؤخذ أي منها في الاعتبار فإن هجر اللغة الإندونيسية بوصفها **"لغة المستعمر"** لا يبرر فرض البرتغالية بقرار فوقي لأنها هي الأخرى لغة مستعمر أقدم!

وحسب دراسة أعدتها الأمم المتحدة فإن نحو ألفي موظف سيكونون بحاجة إلى تعلم البرتغالية لإدارة شؤون الدولة. وعلى المستوى العملي الأهالي يجدونها صعبة والمدارس لا تجد من يعلمها.

وفي الإطار نفسه يمكن أن نضع ما يسمى **"حروب المرجعيات الدينية"**، وقد كانت أزمة البلقان حفل التدشين الدموي الذي شهد ميلادها من جديد، فقبل الصراع بين الصرب والمسلمين كان هناك صراع كرواتي صربي (كاثوليكي – أرثوذكسي) وفي أيرلندا ما يزال الجرح نفسه نازفاً.

ومن الشمال للجنوب حيث قرر الرئيس الإرتري أسياسي أفورقي، قبل سنوات، فك ارتباط الكنيسة الأرثوذكسية في إرتريا عن مرجعيتها البابوية في أثيوبيا التي ارتبطت بها منذ عشرات السنين، وقرر إلحاقها بالكنيسة الأرثوذكسية في الإسكندرية، الأمر الذي ساعد في تزايد المعارضة في صفوف نصارى إرتريا إثر تضررت مصالحهم بعد فك ارتباط الكنيسة الإرترية عن مرجعيتها في أثيوبيا.

ورغم أن الكنيستين يتبعان مذهباً
واحداً، إلا أن القرار واحد من تجليات حرب
الهوية التي تجعل بعض النخب تعتقد أن
دورها هو تعزيز الإحساس لدى مواطنيهم
بالاختلاف عن الآخرين.

28

التحالف الإنجلوسكسوني البروتستنتي

لعل أهم تجليات صراع الهويات عالميا هو الصعود المشهود للتحالف الإنجلو سكسوني البروتستنتي، وهي الظاهرة التي بدأت بعض مراكز البحوث الأمريكية مؤخراً توليها المزيد من الاهتمام على خلفية التحالف الذي قادته الولايات المتحدة في حرب العراق. وتعد بريطانيا ــ أحد أهم

أركان هذا التحالف الصاعد – حالة كلاسيكية لدور الهوية في عالم اليوم، فهي بحكم الجغرافيا ترتبط بأوروبا، وبحكم التاريخ طرف رئيس على الساحة الأوروبية التي يفصلها عنها بحر المانش، بينما هي بالتضاد مع منطق الجغرافيا تفضل الاتجاه غرباً نحو الولايات المتحدة (التي يفصلها عنها المحيط الأطلسي) وتعطي ظهرها بإصرار لمسيرة الوحدة الأوروبية، رغم ما تبشر به هذه المسيرة مستقبلياً، قانعة بدلاً من ذلك بدور يصفها الكثيرون بسببه بأنها في حالة تبعية مذلة للولايات المتحدة.

ورغم أن غير قليل من المحللين بدأ يضع التحالف الأمريكي البريطاني في إطاره الصحيح – كتحالف سياسي ذي أسس حضارية تلعب الهوية بمعناها الواسع دوراً أساسياً فيه – فإنهم يعتبرونه تغيراً حديثاً،

وهم بذلك يتناسون أن **"حلف يوكوزا**
UKUSA**"** الذي يدير شبكة إيشليون التجسسية
الأكبر كونياً، أنشئ قبل منتصف القرن
العشرين، وكان حلفاً إنجلوسكسونياً خالصاً،
كما أن هذا الاتجاه يفسر الدور المتنامي
لدولة مثل استراليا في محيطها الإقليمي،
أولاً في أزمة تيمور، ثم في الحرب على
العراق.

فعلى سبيل المثال يصف الكاتب
الأمريكي جيم مان (كاتب رئيس لدى
المركز الدولي للدراسات الاستراتيجية
والدولية بالولايات المتحدة الأمريكية) هذه
الحالة في مقال نشره قبل حرب العراق
بقليل بقوله:

**"شيئاً فشيئاً بدأت تسيطر على
الولايات المتحدة في غضون الأشهر
القليلة الماضية فكرة على درجة من**

الغرابة، في إطار البحث عن أساس جديد يمكن أن تبنى عليه السياسة الخارجية الأميركية، وحتى تنجلي هذه الفكرة فلنسمها ''الوهم الأنجلوفوني''''.

ولا يخفى هنا الإيحاء السلبي الذي يتعمده جيم مان بالقياس على ''الوهم الفرنكفوني'' الذي يسيطر على الصديق اللدود فرنسا . وما يربط أركان التحالف الجديد ليس اللغة الإنجليزية وحسب بل الثقافة الإنجلوسكسونية التي حمل بذورها المهاجرون إلى العالم الجديد في الولايات المتحدة واستراليا.

وحسب وزراء بريطانيا توني بلير:

''نتفق مع الأميركيين في الكثير من وجهات النظر لتطابق ذلك مع المصالح الوطنية لبريطانيا، كما أن

تأملاتنا وأحاسيسنا متطابقة كما هو تطابق قناعاتنا بحتمية اتخاذ الإجراءات المناسبة لمواجهة القضايا العالقة".

وكما هو شأن سلفه، فإن توني بلير يعلل وقوف بلاده إلى جانب الولايات المتحدة بضمانه نفوذاً واسعاً في المسرح السياسي الدولي، وهذا ينعكس بشكل إيجابي على الميدانين السياسي والاقتصادي للمملكة المتحدة، وإن كان يرى أن من الخطأ الاعتقاد بتعاظم الدور البريطاني كلما استندت على القوة العسكرية الأميركية.

وما شهدته الحرب على العراق من تباعد في المواقف بين الولايات المتحدة والقوى الكبرى في القارة "القديمة" التي وصفها بعض الساسة الأمريكيين بهذا الوصف على سبيل الغمز (وبعضهم استخدم تعبير "القارة العجوز") هذا التباعد نتاج

مزيج من اختلاف المصالح والإحساس المتزايد بالاختلاف.

ومن المؤكد أن زوال التهديد السوفيتي قد دشن مناخاً جديداً إذ قلص على نحو ملموس إحساس الولايات المتحدة وأوروبا بوجود خطر يتوجب معه نسيان الاختلافات، وهو أحدث تغييراً في الواقع الدولي يشبه إلى حد ما اكتشاف الأمريكتين. فلقد كانت بريطانيا قبل هذا الاكتشاف تشعر أنها معزولة عن اليابس القاري الأوروبي وجعلها هذا الاكتشاف في قلب منظومة المواصلات الجديدة بين العالمين القديم والجديد، وبالمثل لم تعد الولايات المتحدة تشعر أنها مشدودة إلى القارة الأوروبية.

الدين في صراع الهويات

وتشير دراسات عديدة خلال السنوات القليلة الماضية، وبالتحديد منذ عهد الرئيس الجمهوري السابق رونالد ريجان، إلى حضور متزايد للدين على الساحة السياسية الأمريكية، وعلى طريقة **النيوزويك** التي نشرت قبل الحرب الإنجلوسكسونية على العراق بقليل ملفاً وافياً عن التجربة الدينية للرئيس الأمريكي

جورج بوش حمل عنوان "بوش والرب"، تقتضي منا محاولة فهم السياسة الخارجية الأمريكية على نحو أفضل الحديث عن "أمريكا والرب"!

وبصفة عامة تتسم الثقافة الأمريكية ـ ربما بقدر أكبر من الثقافة البريطانية ـ بتأثير ملموس للأفكار ذات الأصول الدينية الأمر الذي يجعل للمذهب البروتستانتي الذي يجمعها بحلفائها الإنجلوسكسون دوراً في تفضيل التعامل مع قوى دون أخرى، بل إنها وهي تسعى لتحجيم القوى الإقليمية شرقاً وغرباً تسعى بنفسها لتعظيم دور استراليا ودفعها للدخول بدرجة أكثر فاعلية شبكة المصالح الأمريكية والتواؤم معها.

وكل صعود لدور الهوية في السياسة الخارجية الأمريكية يعزز علاقتها بالكيان الصهيوني، ليس فقط لأنه قادر على تسويق

نفسه أمريكياً بوصفه الدولة الديمقراطية الوحيدة في الشرق الأوسط، بل بوصفه حقيقة من الحقائق الرئيسة في الثقافة الإنجلوسكسونية البروتستنتية التي تشكل تربة خصبة لنمو الأفكار الصهيونية، وتلك معضلة ينبغي أخذها في الاعتبار عربياً.

38

هولندا البروتستنتية

وعلى أطراف هذا التحالف تقف
هولندا تتمايز عرقياً ولغوياً عن الولايات
المتحدة وحلفائها وإن بقي أثر البعد
البروتستنتي في ثقافتها مؤثراً في سياستها،
وقد بثت القناة الثالثة في التلفزيون الهولندي
مؤخراً (25 /10 / 2003) فيلماً وثائقياً

بعنوان "**الصمت حيال إسرائيل**"، تَطرَّق لأول مرة لموضوع العلاقة الحميمة التي تربط هولندا بالكيان الصهيوني والانحياز الكبير الذي عُرفت به النخبة السياسية والإعلامية الهولندية للدولة العبرية طيلة النصف الأخير من القرن الماضي.

واستضاف البرنامج عدداً من السياسيين والصحفيين والناشطين البارزين – يمثلون الجانبين الهولندي والصهيوني – قدموا شهادات شديدة الأهمية حول العلاقة الوثيقة التي ربطت أجهزة الدولة الهولندية بنظيرتها الصهيونية، والدور الذي تلعبه الجالية اليهودية وبعض المنظمات التابعة للوبي الصهيوني للحفاظ على مصالح الكيان الصهيوني في هولندا.

وقد اتسمت السياسة الهولندية منذ إنشاء الكيان الصهيوني بالانحياز الكامل له

ومساعدته مالياً وسياسياً في جميع حروبه ضد الدول العربية، والإعراب باستمرار في المحافل والمنتديات الدولية ــ وضمن ذلك الأمم المتحدة ــ عن الدعم الكامل لموقفه. واعترف وزيرا الخارجية الهولنديان السابقان هانس فان ميرلو وهانس فان دن بروك، خلال البرنامج التلفزيوني، بأن مؤسسات وزارة الخارجية الهولندية وممثلياتها في الخارج تلقت دوماً ــ خصوصاً إبان الحروب والأزمات ــ أوامر من الحكومة الهولندية تشدد على ضرورة مساندة الكيان الصهيوني والوقوف إلى جانبها عسكرياً ومادياً ومعنوياً.

بل إن هانس فريلينخ وزير الدفاع الهولندي الأسبق فجر قنبلة عندما قال:

"إن القوات الهولندية تلقت الأوامر إبان حرب أكتوبر 1973 بأن

تكون في حالة استنفار قصوى لمساعدة القوات الكيان الصهيوني في حال احتاج إلى ذلك"، وأضاف:

"كنا نخشى ألا تتمكن قوات الكيان الصهيوني بمفردها .. .. . ولهذا أعطينا الأوامر لقواتنا بأن تكون مستعدة للمساندة في أي لحظة تطلبت حكومته ذلك".

وتضمن البرنامج الوثائقي مقتطفات من لقاء كان التلفزيون الهولندي قد أجراه مع رئيسة وزراء الكيان الصهيوني الراحلة "جولدا مائير" بعد حرب 1973، وهي توجه الشكر للهولنديين وللدولة الهولندية لوقوفهم مع الكيان الصهيوني في لحظات عصيبة مرت به.

وقرار دولة غربية تدار بشكل رشيد بأن تجعل قواته في حالة تأهب لاحتمال التدخل في نزاع عسكري يدور بعيداً عنها، في ظل ظروف دولية معقدة، يفترض أن تحكمه اعتبارات **"نفعية"** رشيدة بالمعايير الغربية، والإطار الوحيد الذي يمكن من خلاله تفسير الموقف الهولندي الرسمي هو النظر للهوية بوصفها أحد مقومات الوجود.

ومن ثم فيجب التصرف وفقاً لمقتضياتها حتى ولو على حساب المصالح بمعناها المعروف. فسياسة التدخل العسكري خارج الحدود خرجت من القاموس السياسي الهولندي قبل حرب أكتوبر بقرون ومنذ أن ورثت قوى أوروبية أخرى معظم مواطن النفوذ الهولندي عبر البحار وهي لا تخوض خروبا خارج حدودها على الإطلاق.

وبالتالي فنحن أمام **"لحظة كاشفة"** بالمعنى الحرفي للكلمة.

خروج استراليا من الظل

تعد استراليا من الأركان التي بدأت تأخذ دوراً متصاعداً في التحالف الإنجلوفوني وقد شهدت في 2003 (6/ 11/ 2003) مشهداً جديراً بالتوقف، عندما ذهبت إليها النائبة الفلسطينية حنان عشراوي بمناسبة تسليمها **"جائزة سيدني للسلام"**، إذ تعرضت لحملة وصفتها بأنها **"أسوأ من هجمات الإسرائيليين"**.

ورغم أن الجالية اليهودية باستراليا مارست ضغوطاً قوية لمنع منحها الجائزة، إلا أن الحملة على عشراوي تجب رؤيتها في سياق مختلف، وهو ما يؤكده قولها:

"لا أعرف سبب وجود مشاعر معادية إلى هذه الدرجة في استراليا"!

والتغير الذي تشهده سياسات استراليا الخارجية يمكننا رؤيته في سياقين:

- خارجي يتصل بالصعود الأمريكي المشهود الذي أعقب سقوط الاتحاد السوفيتي.

- داخلي متصل بتوجهات القوى الرئيسة على الساحة السياسية.

فعندما نقارن بين السياسة الخارجية للحكومات الأسترالية المختلفة لا نجد اختلافات جوهرية بين حكومة العمل

والائتلاف بين الحزبين الليبرالي والوطني لا نجد هناك أية تغييرات جوهرية فى السياسة الخارجية. فمنذ وصولها للسلطة، فهناك تأكيد على أهمية العلاقات مع شرق آسيا، إلا أن نهاية التسعينات حفلت بالدلالات على تغيرات فى فكر الحكومة بشأن سياستها الآسيوية وموقعها فى الإطار العام للسياسة الخارجية لاستراليا.

وتنتهج الحكومة الأسترالية آنذاك سياسة الانفتاح الدبلوماسي فى تعاملها مع الأطراف كافة مع التركيز على علاقاتها مع حلفائها التقليديين الذين تتماثل تقاليدهم السياسية والثقافية معها.

وقد تمثلت التحولات فيما يلي:

1 - التحول من الارتباط بشرق آسيا إلى علاقات مع القارة الآسيوية كلها مع تأكيد أن ذلك لا يعنى أبداً ادارة ظهرها

للغرب، ورغم تأكيد حكومة جون هاوارد على هويتها وعلاقتها الوثيقة مع شرق آسيا معلنة أن استراليا جزء من منطقة شرق آسيا جغرافيا واقتصادياً إلا أنها أشارت إلى أن استراليا جزء من منطقة آسيا ـ الباسيفيك التي تشمل الولايات المتحدة وكندا، مؤكدة ضرورة استمرار سياسة علاقات شاملة مع آسيا.

2 ـ تأكيد التقاليد الاسترالية السياسية والثقافية والتاريخية، وقد خلق ذلك التناقض الذي بدأ يتبلور كتحول تام خلال القرن الحادي والعشرين، فقد أكدت هذه الحكومة الاختلافات السياسية والثقافية لاستراليا عن شرق آسيا ، في إشارة واضحة إلى انفصال دائرة الهوية عن دائرة المصالح الاقتصادية، وهو ما عبر رئيس الوزراء ـ آنذاك ــ هاوارد بقوله:

"إن استراليا لم تكن دولة آسيوية، وإن لها تاريخها وتقاليدها وثقافتها وقيمها الخاصة بها".

وفيما يتعلق بموقع استراليا بين الشرق والغرب، تريد استراليا لعب دور الجسر بينهما فى مجالات الاقتصاد والتجارة، لكنها ليس لديها النية لكي تصبح جسراً بينهما فى المجالات السياسية والثقافية، ويؤكد هذا عدم رغبة استراليا فى التخلي عن تقاليدها الغربية وخصوصياتها فى النواحي السياسية والثقافية والقيمية.

الرموز والهوية

لأهميتها كشارات للهوية كانت بعض الرموز موضع جدل وموضوع تغير في استراليا، فعلى مستوى علاقتها ببريطانيا كانت الجملة الأولى فى قسم المنصب لأي رئيس وزراء استرالى جديد هي:

"خدمة جلالة الملكة إليزابيث الثانية ووريثها الشرعي بإخلاص وولاء".

ثم تبدلت هذه الجملة فى 1993
عندما أعيد انتخاب رئيس الوزراء بول ج.
كيتنج إلى:

**"خدمة كومنولث استراليا
بإخلاص وولاء".**

إلا أن رئيس الوزراء هاوارد غيرها
فى بداية الاحتفال بانتخابه إلى:

**"خدمة الشعب الاسترالى بإخلاص
وولاء وموالاة جلالة الملكة اليزابيث
الثانية".**

ومن الثوابت التي تم تأكيدها في
النصف الثاني من التسعينات: تأكيد أولوية
التحالف العسكري مع الولايات المتحدة
الأمريكية وهي العلاقات التي ضعفت خلال
فترة وجود حزب العمل فى السلطة بسبب
انحياز حكومة العمل للعلاقات مع آسيا.

وفى يوليو 1996، تم بشدة تأكيد علاقات التحالف العسكري الثنائي بين استراليا والولايات المتحدة، وعقدت سلسلة من محادثات الدفاع السنوية بينهما. ووقعت اتفاقيات عسكرية وصدر إعلان للتعاون هو: **"إعلان سيدنى"**، وقرر الجانبان إجراء أكبر مناورة عسكرية مشتركة بين البلدين منذ الحرب العالمية الثانية (مارس 1997).

وكل هذه الترتيبات جعلت التعاون العسكري يأخذ شكلاً شاملاً، وحلت استراليا محل القواعد العسكرية الأمريكية فى الفلبين التي تم إغلاقها تماماً، وبالتالي مثَّل هذا مسرحاً جديداً للقوات العسكرية الأمريكية فيما يتعلق بإجراء المناورات العسكرية فى المحيط الهادي، أيضاً سمحت استراليا بإقامة قاعدة للمخابرات الأمريكية فى

أراضيها ثم تم توقيع اتفاق تأجير جديد لمدة عشر سنوات بين الجانبين.

ويسمح هذا الاتفاق للولايات المتحدة بأن تستخدم قاعدة المخابرات فى باين جاب باستراليا ذات الأهمية الكبيرة للاستراتيجية العسكرية الأمريكية الكونية.

وخلال حرب الخليج استخدمت صواريخ باتريوت من قاعدة نورنجار لتدمير صواريخ سكود العراقية، وبإمكان الولايات المتحدة من خلال قاعدة باين جاب أن تدافع عن الكيان الصهيوني وأن تواجه مخاطر التهديد بالصواريخ.

وبجانب الروابط العسكرية بين استراليا والولايات المتحدة، أيدت استراليا بصورة كاملة سلسلة من السياسات والإجراءات العسكرية الأمريكية فى العالم، وهو أمر نادراً ما كان يحدث.

ففي مارس 1996، كانت استراليا الدولة الوحيدة فى منطقة آسيا/ الباسيفيك التي أيدت فوراً – وبصورة كاملة – ضرب الولايات المتحدة للعراق بالقنابل فى سبتمبر 1996. ولم تهتم استراليا بتقوية العلاقات مع الولايات المتحدة فى مجالات التعاون العسكري وحسب، بل أكدت أيضاً توافقها مع الولايات المتحدة فى القيم والنظم السياسية والقانونية، وهو ما كان مقدمة لإعادة صياغة الدور الإقليمي والدولي لاستراليا كليا في إطار تأكيد أولوية الهوية، وهي تبذل جهودها لكي تتوافق رؤيتها مع رؤية الولايات المتحدة فى كثير من المشكلات العالمية.

وحتى فيما يتعلق بسياستها الأمنية الإقليمية، يوجد أيضاً نوع من الصبغة الأيديولوجية.

إشكالية البحث عن المكانة

تعد مشكلة استراليا هي نفسها مشكلة الدول التي نشأت في إطار حركة الترانسفير الكبرى في العصر الحديث التي نشأت عنها المجتمعات الاستيطانية الإحلالية (الولايات المتحدة الأمريكية – كندا – استراليا – نيوزيلندا – نظام الفصل العنصري في جنوب أفريقيا – الكيان الصهيوني) في توزعها بين ثوابت الهوية ومقتضيات

الجغرافيا، فهي مجتمعات غربية من حيث منظومة القيم التي تحكم ثقافتها لكنها جغرافيا زرعت في عالم آخر من حيث منظوماته القيمية.

وفي حالة استراليا فإن هاوارد يقرر أن بلاده ليست في حاجة لأن تفاضل بين تاريخها وطبيعتها الجغرافية، وقد انعكست طبيعة هذا التوجه الذاتي فى صياغة استراليا لسياستها الآسيوية.

ويمكن تصنيف سياسة استراليا الآسيوية فى ثلاث فئات تتضمن ثلاثة أطراف وثلاث مراحل. وتشير الفئات الثلاث إلى:

- **مجالات سياسية (اجتماعية وثقافية)**
- **مجالات اقتصادية**

• مجالات عسكرية

وتعتبر هذه الفئات الثلاث أيضاً العوامل الرئيسة التي تؤثر في سياسة استراليا الآسيوية بصورة كبيرة. أما الأطراف الثلاثة فيقصد بها اليابان وكوريا فى شمال شرق آسيا، والصين الاشتراكية وفيتنام وكوريا ودول الجوار فى جنوب شرق آسيا.

60

محطات على مسار التحول

أما المراحل الثلاث، فتشير إلى الفترات الزمنية المختلفة التي مرت بها دبلوماسية استراليا الآسيوية وملامحها المختلفة.

المرحلة الأولى: تمتد من نهاية الحرب العالمية الثانية حتى بداية السبعينيات وتحولت خلالها استراليا من اتباع بريطانيا إلى اتباع الولايات المتحدة. فأثناء الحرب

العالمية الثانية حيث كانت بريطانيا رغم ضعفها لديها قضايا كثيرة تهتم بها، فى الوقت نفسه، بدأت استراليا تقترب سياسياً وعسكريا واقتصاديا من الولايات المتحدة. وفى بداية فترة ما بعد الحرب العالمية الثانية اتبعت استراليا الولايات المتحدة بصورة أساسية فى سياستها الآسيوية.

وفى عام 1952 ، وقعت استراليا معاهدة (استراليا – نيوزيلاندا – الولايات المتحدة) مع الولايات المتحدة ونيوزيلندا، ثم أصبحت استراليا الحليف الرئيس للولايات المتحدة فى منطقة آسيا/ الباسيفيك وأرسلت قواتها للدخول فى حرب فيتنام، وفى الوقت نفسه لم يكن لاستراليا سياسة آسيوية مستقلة، ولكنها لعبت دور الشريك السياسي والعسكري الأساسي للولايات المتحدة فى المنطقة.

المرحلة الثانية: تمتد من بداية السبعينيات حتى أواخر الثمانينيات، وخلالها انتقلت استراليا من التأكيد فى دبلوماسيتها على منطقة آسيا/ الباسيفيك إلى إعلان سياسة التوجه إلى آسيا، ويمكن اعتبار أن سلسلة السياسات والإجراءات التي اتبعها حزب العمل الأسترالي بعد توليه السلطة عام 1972 تمثل بداية هذه المرحلة، حيث غيرت حكومة العمل سياسياً علاقاتها العدائية مع الدول الاشتراكية فى شرق آسيا وقوت روابطها الاقتصادية مع الدول الآسيوية.

وتوالت التغيرات:

ففى 27 يونيو 1972، قام زعيم حزب العمل ادوارد ويتلام بزيارة للصين.

وفى ديسمبر حقق حزب العمل فوزاً فى الانتخابات العامة، وتولَّى السيد يتلام

منصب رئيس الوزراء، وأعلن فى أول مؤتمر صحفي عقده عقب خطابه الافتتاحي، أن استراليا ستصبح دولة لا تتدخل في الشئون الآسيوية عسكرياً، وستعارض كل أشكال التمييز العنصري وستتخلى عن سياسة "**استراليا البيضاء**" بصورة تامة .

وفى 11 ديسمبر، قررت الحكومة الفيدرالية الاسترالية سحب قواتها من فيتنام.

وفى 21 ديسمبر، أعلنت استراليا إقامة علاقات دبلوماسية على مستوى السفراء مع الصين، وعقب ذلك أنشأت علاقات دبلوماسية مع فيتنام.

أما العوامل المؤثرة الرئيسة التي أدت إلى تغيير سياسة استراليا الخارجية فتتمثل فيما يلي:

(1) تغير سياسة الولايات المتحدة تجاه الصين وتغير موقفها من حرب فيتنام، بل إن الرئيس الأمريكي نيكسون أصدر بيانا في 1971، في اليوم التالي لإنهاء السيد ويتلام زيارته للصين في 16 يوليو، معلناً فيه عزمه القيام بزيارة للصين قريباً.

(2) تزايد أهمية سوق شرق آسيا للاقتصاد الاسترالى، فمن الناحية الاقتصادية بدأت استراليا تدخل تدريجياً مثل هذه الأسواق، وأصبحت اليابان تحديداً أحد أسواق التصدير الاسترالية الرئيسة منذ بداية السبعينيات.

(3) ضعف العلاقات الاقتصادية والسياسية بين استراليا وبريطانيا، فمنذ انضمام بريطانيا للجماعة الاقتصادية الأوروبية فى يناير 1973، أدى ذلك إلى شعور استراليا بابتعاد بريطانيا عنها، وكان

هذا عاملاً هاماً فى دفع استراليا إلى توجيه أولوياتها الدبلوماسية إلى شرق آسيا، ومن ثم أعلنت الحكومة الاسترالية أن **"الجنسية البريطانية"** لن تظهر مستقبلاً على جوازات السفر الاسترالية، وستحل أغنية **"إلى الأمام يا استراليا الجميلة"** محل **"النشيد الوطني البريطاني"** فليحفظ الله جلالة الملكة، باعتبارها النشيد الوطني الاسترالى الجديد.

وفي عام 1975، تولى زعيم الحزب الليبرالى جون مالكولم فريز منصب رئيس الوزراء، وفي عام 1983 وصلت حكومة هاوك للسلطة، واتبع كلاهما سياسة التحول تدريجيا نحو آسيا عن طريق تطوير العلاقات معها.

وخلال هذه الفترة أصبح الطابع الاقتصادي فى الدبلوماسية الاسترالية تجاه آسيا أكثر قوة ووضوحاً.

أما المرحلة الثالثة ، فبدأت منذ نهاية الحرب الباردة فى نهاية الثمانينيات وامتدت إلى منتصف التسعينيات، فنتيجة للتطور الاقتصادي السريع فى شرق آسيا، بدأت استراليا تسرع فى إعادة تشكيل علاقاتها مع الدول الشرق آسيوية، وحاولت لعب دور هام نسبياً فى منطقة آسيا/ الباسيفيك كلها وهو ما يتواكب مع التطور السريع لاتجاه التعددية القطبية فى النظام الدولي.

وفى 1989، اقترحت استراليا إقامة منتدى للتعاون الاقتصادي في منطقة آسيا/ الباسيفيك، وعند ما أثيرت القضية الكمبودية مع نهاية الحرب الباردة، لعبت استراليا دوراً نشيطاً فى الحل السياسي لها.

وفي الوقت نفسه، ونتيجة تحسن الموقف في جنوب شرق آسيا والنمو الاقتصادي السريع لرابطة دول جنوب

شرق آسيا (الآسيان)، وتصاعد مكانتها على الصعيد السياسي، تطورت العلاقات الاسترالية مع دول الآسيان بصورة سريعة، مقارنة بحكومة العمل السابقة.

وفى ديسمبر 1989، لجأ وزير الخارجية الاسترالى سناتور ايفانز إلى استخدام تعبير **"الارتباط الشامل"** لأول مرة فى تصريحاته كوزير لوصف السياسة الاسترالية تجاه جنوب شرق آسيا. وفى ديسمبر 1991.

وبعد وصول رئيس الوزراء بول جون كيتنج للسلطة طرح فكرة استراتيجية مفادها أن مستقبل استراليا يكمن فى آسيا، وبصورة تدريجية توسعت سياسة ارتباط استراليا مع جنوب شرق آسيا لتدعيم سياسة الارتباط مع آسيا ودفع السياسة الاسترالية مع آسيا نحو آفاق جديدة.

وفى 1995 دعت وزارة الخارجية الاسترالية إلى عقد اجتماع لسفرائها فى الدول الشرق آسيوية لمراجعة وعرض دبلوماسيتها الآسيوية فى النصف الأول من التسعينيات، وقد أدى الاجتماع إلى إيجاد أفضل الشروط لتعزيز الاستقرار والتنمية فى منطقة آسيا/ الباسيفيك.

ومنذ ذلك الحين، باتت هناك ضرورة لتطوير علاقات التفاهم الشاملة بالمعنى الواسع لتصبح دبلوماسية جديدة فى آسيا/ الباسيفيك يمكن تسميتها **"شراكة وارتباط"**، وتعنى التحول بالعلاقات من الوضع التقليدى إلى علاقات ثنائية وشراكة بالتعاون الوثيق معها فى الشئون الإقليمية، حتى تساعد استراليا على التمتع بمزايا كونها لها الأفضلية، وتُمكِّنها من لعب دور أكثر

نشاطاً فى تشكيل النظام الجديد فى منطقة آسيا/ الباسيفيك والنظام العالمي.

السياسات والقيم الثقافية

استراليا تأكدت أيضاً من الكيفية التي تؤثر بها الاختلافات الهائلة فى القيم والتقاليد الثقافية على تطوير العلاقات بين استراليا وآسيا، وفى هذا الصدد اعترفت استراليا ظاهرياً بتنوع مجتمعات منطقة آسيا/ الباسيفيك.

ونتيجة التزايد التدريجي فى أعداد المهاجرين الآسيويين وللعلاقات مع آسيا ،

بدأت فى استراليا مناقشات حول قضية التعايش بين الثقافات المتعددة وقضية الارتباط مع آسيا، كذلك كانت المناقشات التي دارت حول قضية إقامة النظام الجمهوري، انعكاساً أيضاً لمثل هذا التوجه الثقافي في التفكير.

وقد أثرت العوامل السياسية، الاجتماعية والثقافية معاً بالإضافة إلى التاريخ على سياسة استراليا الخارجية، وانعكس هذا التأثير في مظاهر أهمها على الإطلاق بروز قضية تحديد استراليا لمكانتها بين الشرق والغرب.

ولا مفر في مثل حالة استراليا من ظهور تناقضات بين الهوية والمصالح، فبينما يذهب ثلثا الصادرات الاسترالية إلى شرق آسيا أتى أكثر من 90 % من سكان

استراليا من أصول أوروبية ينتشر بينهم رفض ملموس للارتباط مع آسيا.

وهو ما كان يدعو الحكومات الاسترالية المتعاقبة للموازنة بين ارتباط استراليا تاريخياً واجتماعياً وسياسياً وثقافياً مع أوروبا والولايات المتحدة وارتباط مصالحها بآسيا من أجل تجنب شعور آسيا بالغربة عن استراليا.

وقد أدت العوامل الاجتماعية، والسياسية، والهوية الثقافية والعوامل الأيديولوجية إلى مزيد من تفهم استراليا لسياسة الولايات المتحدة وللتهديدات الأمنية المحتملة، وذلك عند تقييمها للموقف الأمني في المنطقة، وبالتأكيد ستصبح استراليا الدعامة الأساسية في الاستراتيجية العسكرية للولايات المتحدة وآسيا/ الباسيفيك فى منطقة جنوب الباسيفيك.

وبتحليل العوامل السياسية والثقافة الاجتماعية تعتبر استراليا أساساً دولة غربية أو دولة ذات تقاليد غربية لم تحدد بعد مكانتها. وتعتبر مسألة بحث استراليا عن مكانتها عاملاً هاماً سيؤثر في سياستها الخارجية بالإضافة إلى تأثيره في الدور الذي ستلعبه فى السياسة والأمن الإقليمي.

وهي عندما تحاول تأكيد استقلالها، يمكنها أن تلعب دوراً محدداً وعندما تحاول الحفاظ على التطابق مع الدول الغربية، ستكون كمن يتبع ظل الآخرين، لذلك إذا ما استطاعت استراليا تحديد ملامحها الوطنية بوضوح فإنها ستبتعد تماماً عن صورة الشخص الأعمى الذي يتبع الولايات المتحدة، وستعتبر نفسها جزءاً مستقلاً فى منطقة آسيا/ الباسيفيك، وليست أحد أعضاء

المعسكر الغربي، فالعلاقات بين استراليا وآسيا يمكن تطويرها بصورة أفضل.

76

نظرة إجمالية

تأتي أهمية التحالف الإنجلوفوني بالنسبة لنا من زوايا عديدة، فمن ناحية يعد هذا التحالف ظهيراً مؤكداً للكيان الصهيوني بسبب الميراث الثقافي المشترك الذي تشكل الصهيونية بصيغتيها المسيحية واليهودية أحد أهم دعائمه، ولعل يفسر الاستخفاف المتصاعد من جانب الكيان الصهيوني

بالمواقف الأوروبية الأقل انحيازاً للأجندة الصهيونية.

ومن ناحية أخرى يوفر هذا للولايات المتحدة غطاء ديبلوماسياً وعسكرياً للطموحات الأمريكية بعيدا عن حلفائها التقليديين في أوروبا – وطبعاً بعيداً عن المنظمات الدولية – بحيث لا تبدو إجراءات منفردة.

وثقافياً يمثل درساً بليغاً للأمة الإسلامية يؤكد ضرورة إعطاء العوامل الثقافية والدينية المكان الذي تستحقه بحيث تكون مرتكزات لعلاقات التعاون على محو ما نرى في تحالف تتناثر أركانه بين أقاصي المعمورة، ورغم ذلك تجمع أطرافه "القيم المشتركة".

المؤلف:

ممدوح الشيخ

مفكر

نشر له مئات المقالات والدراسات في عشرات الدوريات العربية.

صدر له أكثر من عشرين مؤلفاً في القاهرة وبيروت ومسقط.

نال جوائز مصرية وعربية في الشعر والمسرح والرواية.

www.ingramcontent.com/pod-product-compliance
Lightning Source LLC
Chambersburg PA
CBHW062238290526
45794CB00006B/2330
* 9 7 8 1 4 7 7 6 9 2 7 8 3 *